SOLUTION DE LA CRISE PARLEMENTAIRE

PROPOSÉE DANS UNE LETTRE

Adressée et remise le 2 NOVEMBRE DERNIER

A M. LE MARÉCHAL, DUC DE MAGENTA

PRÉSIDENT DE LA RÉPUBLIQUE FRANÇAISE

PAR UN BELLEVILLOIS, SON COMPATRIOTE

Dans les circonstances critiques où se trouve le pays, il est peut-être opportun qu'un homme du peuple, sans caractère officiel, fasse parvenir au chef de l'État les vœux, les besoins et les aspirations de ces classes nombreuses qui ne peuvent s'élever jusqu'à lui.

Prix : 10 centimes

PARIS, CHEZ LES PRINCIPAUX LIBRAIRES

—

DÉCEMBRE 1877

A MONSIEUR LE DUC DE MAGENTA

PRÉSIDENT DE LA RÉPUBLIQUE FRANÇAISE

Monsieur le Président,

Je ne suis pas un étranger pour vous; d'abord je suis votre compatriote, votre condisciple peut-être; j'ai fait mes études à Autun de 1822 à 1828 avec un des fils de la famille Mac-Mahon, c'était vous ou votre frère; un lien de confraternité me rapproche de votre ascendant, docteur en médecine de la faculté de Reims. Si j'avais suivi les conseils du général Changarnier qui avait l'indulgence de m'attribuer toutes les aptitudes militaires, j'aurais peut-être aujourd'hui l'honneur

d'être votre collègue, votre compagnon d'armes ; et puis j'ai partagé la haute estime, la vénération profonde que professent les habitants de Saône-et-Loire, pour la famille Mac-Mahon, illustrée par le valeureux et loyal soldat qui tient en ses mains les destinées de la Patrie.

Soyez donc, monsieur le Maréchal, assez bienveillant pour m'accorder un instant d'attention, et assez indulgent pour excuser ces allures de camaraderie que je me permets vis-à-vis de vous.

Triboulet disait souvent la vérité à son souverain, sous le couvert de la plaisanterie ; il peut être opportun, dans les circonstances critiques où se trouve le pays, qu'un homme du peuple, sans caractère officiel, fasse parvenir au chef de l'état les vœux, les besoins, les aspirations de ces classes nombreuses qui ne peuvent s'élever jusqu'à lui.

J'habite Paris depuis 1828, où je pratique la médecine depuis 40 ans, fréquentant toutes les classes de la société dont j'ai pu juger les qualités et les défauts ; fonctionnaire municipal, chirurgien Major, officier supérieur de l'ancienne garde nationale, etc., etc., j'ai été témoin des tourmentes politiques, des péripéties gouvernementales, des guerres civiles (*quorum pars magna fui*) qui ont si rudement atteint la monarchie de 1830, conduit le second empire à sa ruine et agité si profondément la République de 1870. Avec un peu d'esprit philosophique et beaucoup de désintéressement, j'ai sérieusement étudié les hommes et les choses de mon temps. Je ne veux et ne puis que rester médecin, d'après ce principe qui devrait être une règle invariable pour les gouvernants : qu'il faut créer des hommes pour les places et non pas des places pour les hommes.

En homme désintéressé, mais animé d'un grand esprit de patriotisme, je vous demande respectueusement la permission de vous exposer la résultante de mes appréciations personnelles sur la situation actuelle de la France.

Le plus illustre prédicateur du siècle de Louis XIV s'écriait en présence du roi et des dignitaires de l'État :

Et nunc reges intelligite, erudimini, qui judicatis terram, et maintenant rois et grands de la terre, comprenez votre époque, étudiez, instruisez-vous, vous qui êtes appelés à juger les hommes.

C'est à vous, monsieur le Président qu'incombe le devoir de juger les hommes de votre temps, de peser la valeur et les forces de divers partis qui, dans l'ardeur de leur compétitions, sacrifieraient leur patrie au triomphe de leurs opinions, au succès de leur candidature au trône.

Hâtons-nous, disiez-vous dans votre message du 9 juillet (passage que j'ai cité dans une brochure publiée en octobre 1874 et que j'ai eu l'honneur de vous offrir au palais de la présidence), hâtons-nous de doter le pays d'institutions stables, définitives, une plus longue incertitude pèserait sur les affaires et nuirait à leur développement et à leur propérité.

Aujourd'hui, monsieur le Président, l'anxiété est grande, l'incertitude est plus accentuée, le temps presse, les tendances démocratiques de la nation s'affirment par les élections partielles depuis 1871 et par les élections générales de 1876 et 1877 ; la démocratie monte par degrés, c'est un Niagara qui a ses cataractes, c'est un grand fleuve auquel il ne faut pas opposer un barrage de résistance, mais dont il faut régler le cours et prévenir les débordements par des digues latérales sagement édifiées.

Un ardent légitimiste s'écriait : la France est frappée au cœur, jamais le Septennat, fût-il durable, ne pourra donner l'indépendance nationale ni la liberté. Je répondis à monsieur de Franclieu : le septennat est dans des mains sûres, honnêtes et valeureuses, le maréchal Mac-Mahon sera toujours à la hauteur de ses devoirs et de sa noble mission.

Il existe aujourd'hui entre les pouvoirs publics un conflit regrettable qui paralyse les transactions, altère la confiance et retarde notre organisation politique définitive. Tout conflit, tout antagonisme entre les pouvoirs publics tend à l'énervement du principe d'autorité ; il importait au plus haut degré d'y mettre un terme.

La majorité républicaine issue du vote du 20 février 1876 vous ayant paru trop radicale (il y avait tout au plus 25 radicaux intransigeants) vous avez voulu consulter la nation, dans la crainte que vos contemporains et la postérité ne vous fissent le reproche d'avoir conduit la France au radicalisme. Ce reproche serait immérité, car ce n'est pas vous qui faites du radicalisme, mais bien la France électorale qui, deux fois en dix-huit mois, vous a envoyé une majorité républicaine.

Depuis votre avènement à la présidence jusqu'au 16 mai, les journaux de toutes nuances ont rendu justice à l'honnête homme, à la vaillante épée du loyal soldat. Mais aujourd'hui, les opinions sont partagées. Les uns disent : il faut que le maréchal résiste, les conservateurs ont gagné un certain nombre de voix, qu'il se hâte de consulter le pays par une deuxième dissolution, il finira par obtenir une majorité favorable et dévouée. Les autres prétendent au contraire qu'une deuxième dissolution serait inutile, parce que l'opinion du pays n'a pas pu se modifier en deux mois, et parce qu'elle serait désastreuse et grosse de périls. Voici leur conclusion : le Maréchel s'est fourvoyé dans une impasse, donc il ne lui reste plus qu'à *se démettre* ou à *se soumettre*.

Il me semble, monsieur le président, qu'il vous est

facile d'éviter, de tourner l'une et l'autre de ces deux alternatives.

Depuis 1789, époque de la transformation sociale qui a consacré la souveraineté du peuple, *l'étincelle* démocratique a été souvent comprimée, jamais éteinte. Elle a *brillé* au moment où la restauration a sombré sous les Ordonnances liberticides du 25 juillet 1830 ; elle a *brillé* lorsque la monarchie de juillet s'est effondrée sous les modestes réclamations des citoyens demandant l'abaissement du cens électoral et l'adjonction des capacités ; elle a *brillé* le jour où le bonapartisme s'est suicidé par son incurie et par son aveugle témérité.

Cette étincelle *brille* encore depuis sept ans avec le même éclat ; c'est elle qui a rallié à la République cette pléiade d'hommes considérables qui réglaient leur opinion sur cette formule constitutionnelle : *Rex regnat non regit ; le roi règne et ne gouverne pas.* Ces hommes honnêtes, modérés et dévoués à la liberté, ont adopté par raison le gouvernement républicain, comme étant le plus praticable dans ce dédale d'intrigues et de compétitions où nous nous consumons en discussions stériles, au grand détriment de notre prospérité nationale.

Donc il ne faut pas *se démettre*, une démission serait une reculade, un homme de votre valeur ne recule pas ; ni *se soumettre*, une soumission serait un abaissement ; mais il faut *suivre* le mouvement, l'impulsion de la volonté nationale, cette loi vivante qui s'impose à tous, même au chef de l'état.

Vous avez consulté le pays qui vous a répondu : *Je veux la République.* Eh bien ! monsieur le maréchal, fondez la République dont vous êtes le président. Envoyez à la Chambre des députés le 7 novembre prochain (*par votre initiative toute spontanée et sans discussion préalable*) envoyez, dis-je, un ministère composé d'hommes instruits, honnêtes et sympathiques à la majorité ; le conflit cesse instantanément et fait place au fonctionnement régulier du régime parlementaire dont la première règle est le respect des majorités.

Par cette noble conduite vous apaiserez toutes les rancunes, vous mettrez un frein à toutes les ambitions et vous rétablirez ce grand courant d'activité industrielle et commerciale indispensable à la répara ion de nos pertes et à notre prospérité future, et il n'y aura en France et à l'étranger qu'une voix pour dire : le maréchal Mac-Mahon, en faisant à l'intérêt public le sacrifice de ses préférences et de ses opinions personnelles,

A bien mérité de la patrie.

Veuillez agréer, monsieur le Président, l'assurance de mon profond respect et de mon entier dévouement.

MIGUET.

Docteur en Médecine.

A Paris-Belleville.

Le 2 Novembre 1877.

P. S. L'évolution produite par l'avénement du ministère du 13 décembre prouve jusqu'à l'évidence, que la nation est un juge sans appel et que toutes les volontés doivent s'incliner devant ses arrêts.

Le 20 Décembre

PARIS. — TYPOGRAPHIE A. PARENT

RUE MONSIEUR-LE-PRINCE, 29-31.